文坛全才
——苏轼

◎ 主编 金开诚

◎ 编著 佟 雪

吉林出版集团有限责任公司

吉林文史出版社

图书在版编目（CIP）数据

文坛全才——苏轼 / 佟雪编著 . —长春：吉林出
版集团有限责任公司，2011.4（2022.1重印）
ISBN 978-7-5463-5036-3

Ⅰ . ①文… Ⅱ . ①佟… Ⅲ . ①苏轼（1036～1101）-
生平事迹 Ⅳ . ① K825.6

中国版本图书馆 CIP 数据核字（2011）第 053475 号

文坛全才——苏轼

WENTAN QUANCAI SUSHI

主编/ 金开诚 编著/佟 雪

项目负责/崔博华 责任编辑/崔博华 钟 杉

责任校对/钟 杉 装帧设计/李岩冰 赵 星

出版发行/吉林文史出版社 吉林出版集团有限责任公司

地址/长春市人民大街4646号 邮编/130021

电话/0431-86037503 传真/0431-86037589

印刷/三河市金兆印刷装订有限公司

版次/2011 年 4 月第 1 版 2022 年 1 月第 5 次印刷

开本/640mm×920mm 1/16

印张/9 字数/30千

书号/ISBN 978-7-5463-5036-3

定价/34.80元

前　言

　　文化是一种社会现象，是人类物质文明和精神文明有机融合的产物；同时又是一种历史现象，是社会的历史沉积。当今世界，随着经济全球化进程的加快，人们也越来越重视本民族的文化。我们只有加强对本民族文化的继承和创新，才能更好地弘扬民族精神，增强民族凝聚力。历史经验告诉我们，任何一个民族要想屹立于世界民族之林，必须具有自尊、自信、自强的民族意识。文化是维系一个民族生存和发展的强大动力。一个民族的存在依赖文化，文化的解体就是一个民族的消亡。

　　随着我国综合国力的日益强大，广大民众对重塑民族自尊心和自豪感的愿望日益迫切。作为民族大家庭中的一员，将源远流长、博大精深的中国文化继承并传播给广大群众，特别是青年一代，是我们出版人义不容辞的责任。

　　本套丛书是由吉林文史出版社和吉林出版集团有限责任公司组织国内知名专家学者编写的一套旨在传播中华五千年优秀传统文化，提高全民文化修养的大型知识读本。该书在深入挖掘和整理中华优秀传统文化成果的同时，结合社会发展，注入了时代精神。书中优美生动的文字、简明通俗的语言、图文并茂的形式，把中国文化中的物态文化、制度文化、行为文化、精神文化等知识要点全面展示给读者。点点滴滴的文化知识仿佛颗颗繁星，组成了灿烂辉煌的中国文化的天穹。

　　希望本书能为弘扬中华五千年优秀传统文化、增强各民族团结、构建社会主义和谐社会尽一份绵薄之力，也坚信我们的中华民族一定能够早日实现伟大复兴！

目录

一、时代背景

苏轼（1037—1101年），字子瞻，号东坡居士，四川眉山人。北宋著名的文学家、书画家。21岁中进士。神宗时，曾在凤翔、杭州、密州、徐州、湖州等地任职。元丰三年（1080年）因"乌台诗案"遭受诬陷被贬为黄州任团练副使。在黄州四年多，曾于城东之东坡开荒种田，故自号东坡居士。哲宗即位后，曾任翰林学士、侍读学士、礼部郎中等职，并出任杭州、密

州、徐州、湖州等地的地方官，晚年被贬惠州、儋州。元符三年，宋徽宗即位，苏轼遇赦北归。建中靖国元年七月，苏轼病逝于常州，葬于河南郏县，追谥文忠公。

苏轼一生在仕途上大起大落，在才学上却位列北宋之首。他的诗奔放灵动，格调清新，自成一派，"有必达之隐，无难显之情"；他的词慷慨激昂，开创了豪放派的先锋；他的散文气势磅礴，自然流畅，与父苏洵、弟苏辙同列"唐宋八大家"，人称"三苏"。此外，苏轼还工于书

法,长于行楷,与蔡襄、黄庭坚、米芾共称
"宋四家";他善于绘画,画中讲究"神
似"和"传神";他提出"诗中有画,画中
有诗"的艺术观点,在中国文化史上颇具
影响。此外,他在农田水利、教育、音乐、
医药、数学、金石、美学、烹饪等方面都
有重要成就。世人对苏轼的评价颇高,黄
庭坚曾说:"人谓东坡作此文,因难以见
巧,故极工。余则以为不然。彼其老于文

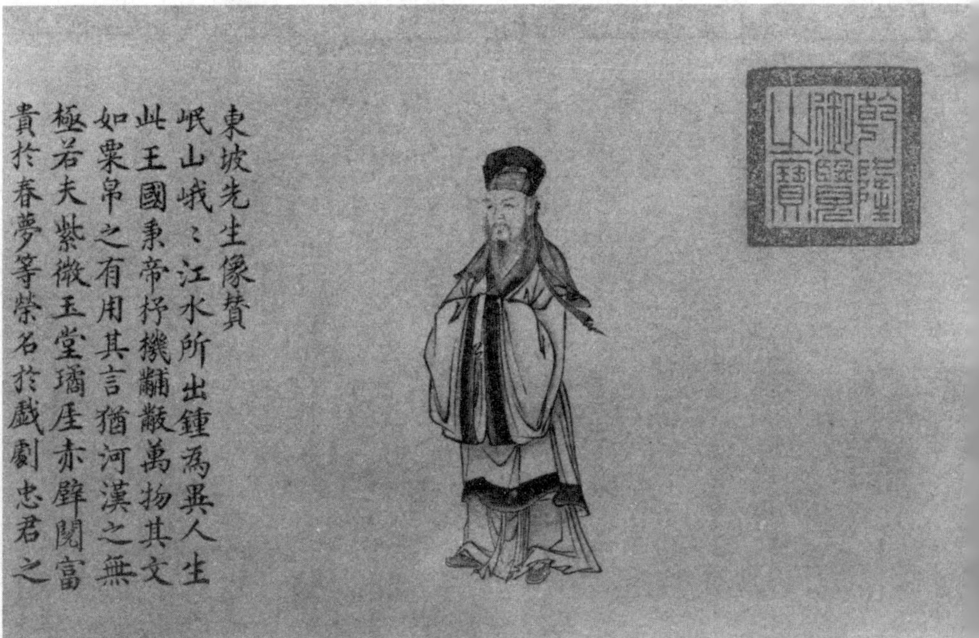

章，故落笔皆超逸绝尘耳。"《跋东坡〈醉翁操〉》陆游："世言东坡不能歌，故所作东府词多不协。晁以道谓：绍圣初，与东坡别于汴上，东坡酒酣，自歌《古阳关》。则公非不能歌，但豪放不喜剪裁以就声律耳。"晁无咎《老学庵笔记》中说："苏轼词，人谓多不谐音律。然居士词横放杰出，自是曲子中缚不住者。"元好问说："唐歌词多宫体，又皆极力为之。自东坡一出，性情之外，不知有文字，真有'一洗

万古凡马空’的气象。虽时作宫体，亦岂
可以宫体概之？人有言，乐府本不难作，
从东坡放笔后便难作……"对苏轼而言，
高的评价也不为过。下面就介绍一下这位
中国文学艺术史上罕见的全才。

　　宋朝是十分注重中央集权的朝代。
宋太祖、宋太宗两任君主在建国之初，采
取了一系列措施，把军权、政权、财权最
大限度地集中到皇帝手中。这是宋朝巩
固统一的必然选择，但也存在着许多无

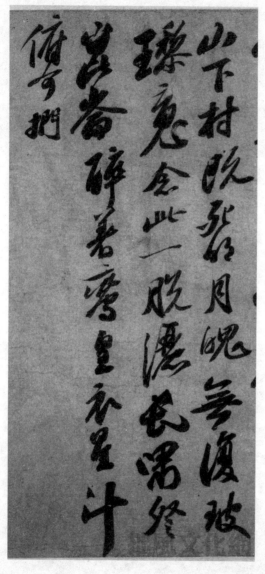

法克服的内在矛盾，并且越来越严重。

在军权集中方面，961年，即宋太祖当皇帝的第二年，便采纳宰相赵普的建议，"杯酒释兵权"。太祖亲设宴席，邀请手握重要兵权的石守信、王审琦赴宴，席间欢声笑语不断，太祖便乘机动之以情、晓之以理，劝各位将军放弃兵权，多买良田美宅，尽情享受人生。就这样，宋太祖轻而易举地解除了心头大患。并且，宋太祖为了防止将帅专兵，实行"更戍法"，即以"习勤苦，均劳役"为名，定期更换军队屯戍的地点，而将领则不随军更戍，以达到"兵无常帅，帅无常师""兵不知将，将不知兵"的目的。这些措施的实行，虽然加强了中央集权的统治，但也造成了军队战斗力的减退，致使北宋在对外斗争中失利。

979年、986年，宋太宗赵光义两次对辽用兵，企图收复燕云地区，但是屡战屡败。与此同时，党项族的首领李继也积蓄力量，觊觎中原。1004年，辽主耶律隆绪同其母后萧氏共率大军南下，制造欲消灭北宋的声势。北宋君臣束手无策，朝野一片惊慌。最终还签订了屈辱和约——"澶渊之盟"。澶渊之盟的订立，暴露了北宋政府甘心示弱于外族政权的怯懦本质。随后北宋还

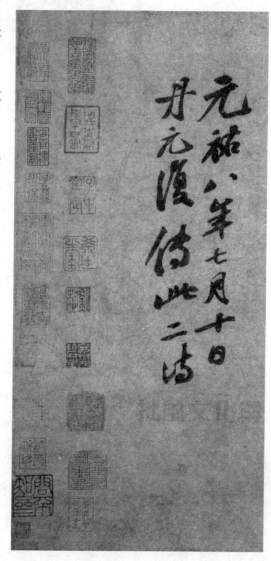

和党项建立的西夏政权签订了屈辱的和约。

北宋王朝对外实行消极退让的妥协政策，对内则朝野上下纷纷沉浸在对声色犬马的追逐之中，上至皇帝的贪污腐化，下至官员的互相包庇，这一切使得北宋的百姓受尽了苦头，"绕梁歌妓唱，动地饥

民哭"。这首当时的民谣可谓淋漓尽致地
反映了当时的场景。

对外无限制的妥协，对内大加鼓励官
僚阶层，这就必然加重了对农民的剥削。
虽然宋朝的变革在一定程度上促进了农
业和工商业的发展。但同时也使得官僚、
地主纷纷将土地敛入手中，从而以各种手
段逼得农民家破人亡。当
时的北宋政府还把有可能
造反的农民招募到军队之
中，致使军队逐渐庞大，
军费开支则向农民掠夺。
腐败的宋王朝就这样一步
步地陷入到亡国的危难之
中。

当然，朝中也不乏忠
良之臣，他们纷纷要求变
法，希望以此缓和危机，
换取长治久安。庆历三年
（1043年），宋仁宗任命

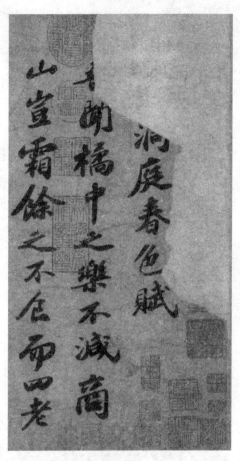

范仲淹为参政知事，富弼、韩琦为枢密副使，开始了"庆历新政"。但由于北宋统治集团内部保守派的坚决反对，这次变法历时很短便以失败告终，范仲淹等人也被罢职。这次新政的失败也使社会矛盾更为尖锐，一场更为震惊世人的动乱正在酝酿之中。苏轼就生活在这样一个痛楚、复杂的年代之中。

二、家世渊源

南宋诗人陆游在《眉州披风榭拜东坡先生遗像》中说："蜿蜒回顾山有情，平铺十里江无声。孕奇蓄秀当此地，郁然千载诗书城。"这里所说的孕奇蓄秀的地方就是今四川眉山城，历史上又名通义州。谷深水急的岷江自川北岷山发源，由北而南纵贯全城。这里土地肥沃，气候温和，苏洵曾赞道："岷山之阳土如腴，江水清滑多鲤鱼。"(《赠陈景回》)苏轼也

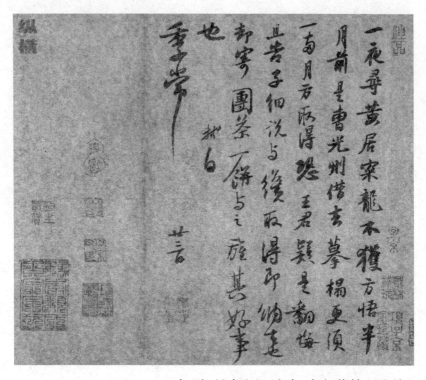

有"想见青衣江畔路，白鱼紫笋不论钱"的感慨。（《寄蔡子华》）《蜀中名胜记》引《通义志》云："昔人评吾州，山不高而秀，水不深而清……小南门城村，家家竹篱桃树，春色可爱，桥之下流，皆花竹杨柳。泛舟其间，乡人谓之小桃源。"如此温情秀丽的地方，真可谓集天地之灵气，得日月之精华。一代文豪苏轼就诞生于此。

苏轼,字子瞻,号东坡居士,宋仁宗景祐三年(1036年)阴历十二月十九日卯时,生于这个小城镇的书香门第。他死后七十年,朝廷追谥他为"文忠",故世称"苏文忠公"。苏轼的家庭虽不算赫赫有名,但也算是"门前万竿竹,堂上四库书"的文人之家。据苏轼之父苏洵撰写的《苏式族谱》和《族谱后录》上下篇的记载,苏洵的祖上三代一直沉埋不显,没有一个出仕做官的,但苏洵之父苏序的文学修养颇高,"读书务知大义,为诗务达其志而已,诗多至千余首"(曾巩《赠职方员外郎苏君墓志铭》)。苏序有三子二女,三子中长子名澹,次子名涣,第三个儿子就是苏洵,苏澹、苏涣"皆以文学举进士",后来苏涣登朝做官,苏序还因此被授为大理评事,累赠尚书职方员外郎。此外,苏序还乐善好施,他常常

把家里的米换成谷子，贮存在一个大粮仓中，到了荒年就开仓散谷，救济穷人，苏序的这种品质对苏轼也产生了很大影响。

苏轼的父亲苏洵（1009—1066年），字明允，他"为人聪明，辩智过人"，少年时曾参加过几次科举考试，但屡试不中。于是"知取士之难，遂决意于功名，而自托于学术"（苏洵《上韩丞相书》）。他喜爱四处游学，结交名士高人，亲戚们都认为他不务正业，他的父亲苏序却对他很放心，总是说这孩子将来会有出息的。苏序的期望没有落空，当苏洵有了长子苏轼和次子苏辙后，便开始闭门苦读了。欧阳修为苏洵撰写的墓志铭有语："年二十七，始大发愤，谢其素所往来少年，闭门读书，为文辞。岁余，进士再不中。又举茂材异等不中。退而叹曰：'此不足为吾学也。'"虽然科

举不中，但苏洵终于
"文章名震天下"，
成为了一个虽晚学
但很有成就的文学
家。《几策》《权术》
《衡论》《六经论》
《史论》等著作，就
是他苦读和思考的
结晶。这些著作包含
了他在政治、军事、
外交、经济各方面的
识略和才能，很有现

实意义。可以说，父亲苏洵就是苏轼在政
治上的启蒙老师。然而更重要的是，苏洵
纵横恣肆的文风对少年苏轼的影响是难
以估量的。曾巩赞誉苏洵的文章是"指事
析理，引物托喻，烦能不乱，肆能不流。
其雄壮俊伟，若决江河而下也；其辉光
明白，若引星辰而上也"。这种赞誉并不
为过。由于自己的出仕愿望未能实现，苏

洵便把希望寄托在两个儿子身上，他常说：“吾尝有志于斯世，今老矣，二子其当成吾志乎！”（苏辙《坟院记》）就连给自己的两个儿子起名，他也是煞费苦心。

"轮、辐、盖、珍，皆有职乎车。而轼独若无所为者。虽然，去轼，则吾未见其为完车也。轼乎，吾惧汝之不外饰也！天下之车莫不由辙。而言车之功，辙不与焉。虽然，车仆马毙，而患亦不及辙。是辙者善处乎祸福之间也。辙乎，吾知免矣"。除了父亲的言传身教外，苏轼的母亲程氏也很注重对苏轼兄弟的教育。一次，她给苏轼讲《后汉书·范谤传》，她讲道："范谤，字孟博，东汉汝南征羌人，因党锢之祸为宦官所杀。他在临刑前与母亲诀别，希望母亲不要过分悲伤。范母很坚强，安慰儿子说：'既有美名，又求长寿，可兼得吗？'"苏轼听了，问母亲："如果我成了范谤，母亲会赞许我吗？"程氏回答说："你能作范谤，难道我就不能做范谤之母吗？"由此可以看出，苏轼身居高官后依旧保持着正直廉洁的品性与从小受到的良好教育是分不开的。苏轼8岁时，进入眉山天庆观中的一所乡塾拜张易简道士为师，全班一百多个学生，苏轼总是名列前茅。三年后，一位名叫刘巨的知名学者来此任教，可没过多久，这位名师就认为自己教不了苏轼了。这是因为有一次刘巨作了一首自认为很满意的诗——《鹭鸶诗》，

在班上朗读，当他念到最后一句"渔人忽惊起，雪片逐风斜"时，小苏轼顺口插嘴道："渔人忽惊起，雪片落蒹葭。"老师

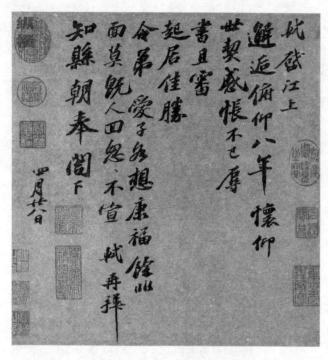

听了颇为震惊，这么小的孩子就有此等的灵气和才华，连自己都自叹不如啊！

还有一次，父亲给苏轼出了个题目让他作文，题为《夏侯太初论》。夏侯太初，名玄，三国时魏人，因反对司马氏专攻，被司马昭所杀。苏轼在文中写道："人能碎千金之璧，不能无失声于破釜，能搏猛虎，不能无变色于蜂虿。"意思是说一个人胆子再大，如果没有定力，也会被突如其来的变故吓得不知所措。小小年纪就如此睿智，这让父亲预感到这个孩子将来一定前途无量。苏辙在《初发彭城有感寄子瞻》一诗中，也有对少年苏轼的描述，"念昔各年少，松筠闭南轩。俯仰道所存"。苏轼自己也曾写诗回顾自己的学习时光，"我昔居家断还往，著述不暇窥园葵"。其中"窥园"是出自董仲舒的典故"三年不窥园"，如此刻苦用功，并不是每个人都能做到的。但苏轼并不是一个两耳不闻窗外事的书呆子，他爱好广泛，对琴棋书画都很感兴趣。

小苏轼就在这样丰富肥沃的文化土壤中成长起来。加上他天资颖慧，勤奋用功，一片光明的前景已在他眼前逐渐展现出来。

三、官海沉浮

　　"学而优则仕"是中国古代大多数文人的共同追求，才华横溢的苏轼当然也不会例外。从22岁进士及第开始，他的命运就同"政治"二字密不可分。但令人惋惜的是，苏轼的才华和对政治的热情并没有让他的仕途一帆风顺，相反，却是连遭打击，备受迫害。经历宦海沉浮的一代文豪苏轼最终抱憾而终。

（一）才华横溢初登仕途

宋仁宗嘉祐元年（1056年）三月，父亲苏洵带着已经娶妻的苏轼、苏辙兄弟北上前往当时的京城汴梁（今河南开封）参加进士考试。按照当时的规定，参加科举一般要经过三级考试：第一级称为"府试"或者"州试"，考取后还要参加由礼部主持的考试，称为"省试"。最后参加由皇帝亲自主持的"殿试"，"殿试"是当时最高一级的考试。苏轼、苏辙兄弟二人凭借满腹的才学在三级考试中都很出色。宋仁宗任命时为礼部侍郎兼翰林学士的欧阳修为主考官。欧阳修不但是文学大家，同时在政治上也是个锐意进取的改革家。他以文学家和政治家的双重眼光在这次考试中挑选人才。此次考试的题目是《刑赏忠厚之至论》，这是一篇论述国家刑罚奖赏政策的政论文。苏轼凭借自己多年的钻研积累，将自己的治国思想阐述得鞭辟入里。全文论述始终围绕着"广施恩德"和"慎用刑罚"两个中心，表达了苏轼"爱民之深，忧民之切"的仁爱之心。这篇引古喻今、说理透彻的文章连同作者都深得欧阳修的赏识，"文忠（欧阳修）惊喜，以为异人"。在给朋友梅圣俞的信中，欧阳修毫不掩饰地表达了这种赞叹："读苏轼书不觉汗出，快哉，快哉！老夫当避路，放他出一头地也。可喜，可喜！"苏轼和苏辙兄弟也给宋仁宗留下了深刻的印象。据史料

记载，仁宗在殿试结束后，曾高兴地对皇后说："我今天为子孙找到了两个太平宰相。"

苏轼在这次考试中虽然没有成为状元，但是他的才学却被广为传诵。正当苏轼兄弟为考场得意而兴高采烈的时候，家中却传来噩耗：他们的生母程夫人不幸病故。父子三人仓皇返回故乡奔丧。按照当时的礼节，苏轼兄弟要为亡母守孝满二十七个月方合乎礼俗。所以等到他们再次返京的时候已经是嘉祐四年（1059

年）十月了。嘉祐五年（1060年）二月，苏氏兄弟到达京师。

苏氏父子三人第二次到达汴京后，礼部任命苏轼和苏辙分别为河南府福昌县（今河南宜阳县西）主簿和渑池（今属河南）主簿。主簿的工作主要是负责办理文书等事宜，但是二人都没有赴任。嘉祐六年（1061年）八月，在欧阳修的大力举荐下，兄弟二人又参加了秘阁的制科考试，苏轼参加了"贤良方正能言极谏科"的考试，作了《王者不制夷狄论》等六论，"文义粲然，时以为难"。殿试时，苏轼又凭借《御试制科策》考入第三等。这是宋代考试的最高等级。考试结束后，苏轼被任命为大理寺评事及签书凤翔府判官。大理寺评事是掌管刑狱工作的京官，签书判官是州府中掌管文书、佐助州官的官员。这是以京官的身份充任州府的签判，和前一次被授予河

南福昌县主簿相比, 职位有了明显的提升。对此, 用苏轼自己的话说就是"忽从县佐, 擢(官员的提升)与评刑"了。这是苏轼"从政"的开始。苏辙同时也被授予官职, 但因侍奉父亲的缘故, 暂未赴任。

凤翔在今陕西西部, 距京城不是很远。苏轼在嘉祐六年(1061年)十二月到达此地, 开始了其作为地方官的生涯。他是一位很有实干精神的官员, 对工作尽职尽责。到任后经常到所属各县访查民情, 并根据具体需要对地方政策进行了一些改革, 为百姓解决了很多难题。

1.改革"衙前之役"。"衙前"是北宋一种很苦的差役, 主要工作是代替官府押送物资和保管财物, 最重要的是如有损失, 还要包赔。这项差役让当地很多百姓倾家荡产, 甚至丢掉性命。这里举为朝廷运送竹木为例。因凤翔盛产竹子, 朝廷每年都要从这一带征取大量的竹子，并命服役者编成竹筏顺水流运送进京，行程主要经过渭水和黄河，途中要经过非常危险的三门峡，朝廷要求运送的季节又多是渭水、黄河暴涨之时，这样，竹筏在运送途中多会遭到一定程度的损坏，百姓为此要倾尽家产来赔偿损失，而且还时有翻船丧命的事件发生。当地人民为此怨声载道。为了解决这个问题，苏轼修订了衙规，改变了在水流暴涨的季节运送物资的陈规，减轻了百姓的痛苦。

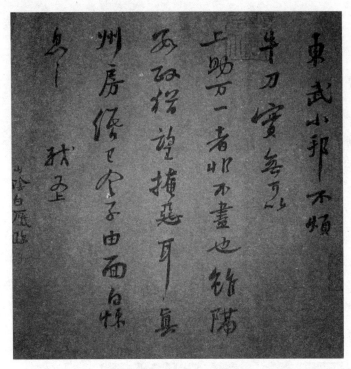

2.免除贫民积欠官府的债务。凤翔府的很多贫民因无力偿还官府的债务而被关押在监狱里。苏轼到任后经调查发现这些欠债人多是无辜的。

例如,守护的竹木被水冲走了,要按律赔偿;守护的粮食和布匹,因日久而霉烂,也要赔偿。朝廷也知道这些贫民无力赔偿,于是下诏赦免。但是朝廷的诏书往往都会被不法官员扣押,然后借此机会向百姓敲诈勒索,要这些欠债人的家属拿钱来赎,否则将继续关押。对于此种情形,苏轼倍感愤慨,他说:"天下之人,以为言出而莫敢违者, 莫若天子之诏书也。进诏书具已许之, 而三司子曹吏独不许, 是犹可忍耶?"于是他做《上蔡省主论放欠书》给主管部门, 要求免除百姓的一切积欠之债, 让这些百姓能够"皆得归, 安其藜糗, 养其老幼, 日晏而起, 吏不至门"。

3.为百姓祈雨。苏轼到达凤翔几个月后, 在自己住所的北面空地上, 修建了一个小亭子, 并取名为"喜雨亭"。因为当时凤翔旱情严重, 连续数月滴雨未落。太守宋选和苏轼都很焦急, 于是二人沐浴更衣, 亲自到太白山上求雨。事有凑巧, 在他们祈雨后, 凤翔果然降下大雨, 缓解了旱情。苏轼非常高兴, 除了将亭子命名为"喜雨亭"外, 还专门作了一篇《喜雨亭记》以示纪念。这次降雨当然并非神仙显灵, 但却能够从中看出苏轼对民生疾苦的关心。

此外, 苏轼还主张"以官榷与民", 即

将以前官卖的茶、盐、酒等和百姓密切相关的必需品"尽以予民",解决了百姓的实际生活困难。他还极力反对土地兼并,对掠夺百姓的恶行深恶痛绝。

苏轼在凤翔共任职四年,短短的四年间,苏轼作为一个青年政治家的风采已经显露出来。他任满返回京城时已是英宗治平二年(1065年),仁宗已经去世,在位的英宗早就赏识苏轼的才学,想提拔他为翰林,但由于受到宰相韩琦的阻挠,只获准在史馆任职。但这一任命为苏轼提供了一个广泛阅读的良机,他兴奋异常。

不久,家庭的不幸再次降临。苏轼的妻子王弗和父亲苏洵先后去世,这让苏轼痛不欲生。英宗治平四年(1067年),苏轼亲自护送亲人灵柩回到故乡安葬,并同苏辙一起为父亲守孝。这期间,北宋英宗皇帝于治平四年(1067年)正月初八

驾崩，太子赵顼即位，
是为神宗，并于1068年
改元为熙宁元年。

（二）乏于争斗
避祸外任

宋神宗熙宁元年
（1068年）十二月，苏
轼第三次辞别故乡
北上，并于熙宁二年
（1069年）二月到达京
都汴京。从此以后，他
再也没有机会回到自己
的家乡。京城中一场统
治阶级内部新旧党派
之间的斗争使苏轼身
陷其中，从此他似不系
之舟，开始了风雨飘摇
的仕宦生涯。

英宗去世后，其长子赵顼继承皇位，为神宗。年富力强的皇帝很有抱负，力图改变北宋积贫积弱的现状，准备进行一场大改革。他大胆起用同样锐意进取的王安石，先后提拔其为江宁知府、翰林学士和参知政事。在皇帝的支持下，王安石开始大刀阔斧地主持变法。他首先建立了变法机构"制置三司条例司"，这是一个由皇帝特命设立的制定户部、度支、盐铁三司条例的专门机构。紧接着，他又制定并推行了一系列新法条例，主要包括有利于增加国家财政收入的市易法、青苗法、免役法、均输法和方田均税法等，还包括有利于整顿军队、增强军队实力的将兵法、减兵并营法、保甲法和保马法等。客观上说，这些新法条例如果正确执行，在一定程度上确实有助于改变北宋王朝的社会现状，但是也的确有弊端存在。新法条例推出后，引起了轩然大波，并在朝中迅速形成了以司马光为领袖的反变法派，也称保守派。保守派中有些人抵制新法推行，是因为新法触犯了他们的既得利益。而保守派中的一些老臣，如韩琦、文彦博、欧阳修等，凭借自己多年的经验，诚恳地向神宗皇帝指出了新法的一些弊端，很多意见都很有见地。两派各抒己见，互不相让。但是追求进取、行事果决的年轻皇帝和王安石却都无视这些意见。于是很多元老重臣纷纷辞去官职，告老还乡，这其中也包括司马光。

　　苏轼再次回到京城后，正好遇上这场变法中变法派和保

守派争斗的高潮。我们知道，苏轼一直有一套成熟的政治方略，在他的很多文章和奏折中，也能看到这一点。面对北宋当时因循守旧的现状，他是希望变革的。但是对于王安石激进的变法主张，他却抱着怀疑和否定的态度。在呈交宋神宗的《议学校贡举状》《上神宗皇帝书》《再上皇帝书》中，苏轼都表达了这种态度。应该说苏轼的很多主张是有道理的，但是变法派正掌控权柄，苏轼直接针对变法派的批评态度必然遭到他们的嫉恨。于是很多人便开始编造谎言，陷害苏轼。苏轼在这种针锋相对的政治斗争中，渐渐感到势单力孤，处境危险。于是他上书朝廷，请求皇帝将自己调离京城，出任地方官职，最终得到了杭州通判的官衔。通判是北宋王朝为加强中央集权，在地方新增设的官衔，隶属于中央。一方面有协助州长官处理政务的职责，另一方面还有替中央监督地方官员的作用。自任杭州通判开始，苏轼连任四州地方官，分别是杭州、密州、徐州和湖州，时间长达八年。

　　神宗四年（1072年）十一月，苏轼到达杭州，任期三年。到达杭州后，优美的湖光山色暂时排解了他的忧郁。以天下为己任的他对自己的工作也尽心尽力，积极配合历任的沈立、陈襄和杨绘三位太守处理好州府的各项事务，并深入民间体察民生疾苦，为百姓解决了很多难题。督开盐河、治理蝗灾、赈济灾民，深得百姓的爱戴。这里以苏轼辅助太守陈襄疏通钱塘六井为例：杭州地近海域，本是被钱

塘江潮水冲刷而形成的地域，因而水质十分苦涩，饮用淡水又很不方便。唐朝著名宰相李泌在此地做刺史时，曾为此在城内开凿了六口大井，用以引用西湖的淡水，供百姓生活取用。但因年代久远，这些井到北宋时早已淤塞。苏轼和陈襄经过实地考察，制订了切实可行的方案之后，组织大批人力，疏通了这六口井，解决了当地居民的饮水难题，方便了百姓生活。特别是第二年，江淮地区大旱，水贵如油，可杭州地区的百姓仍然可以照常

饮水和洗澡。百姓们从此更加感激苏轼和陈襄了。

神宗七年（1074年）九月，在苏轼的请求下，朝廷下达了转任密州知州的诏令，苏轼于同年十一月到达密州任所，任期为两年。密州的自然环境和经济水平与杭州有很大的差距，并且多有天灾。因此苏轼在密州的生活比在杭州艰苦了很多。据说，苏轼有时竟不得不挖野菜充饥。但是苏轼并不计较这些，他一如既往地履行着一个官员的职责，为百姓造福。

如组织捕蝗一事。蝗虫对农作物极具破坏力，苏轼对此深有体会，正如他在《上韩丞相论灾伤手实书》中所描写的："飞蝗自西北来，声乱浙江之涛，上翳日月，下掩草木，遇其所落，弥望萧然。"而这样的天灾，在苏轼任期内，在密州发生了。蝗虫遍野，百姓忙于抓捕掩埋。据记载，掩埋蝗虫的的土堆，竟长达二百余里，由此可见蝗灾的严重。苏轼一边向朝廷上报灾情，请求减免赋税；一边又亲自巡视灾情，并带领百姓共同捕蝗。他还为百姓争取来了赈灾的粮食，救助了无数饥寒交迫的灾民。此外，苏轼还专门设立了孤儿院，收容孤儿和弃儿。

北宋神宗九年（1076年）年末，苏轼又接到朝廷要他改任徐州的调令。他于第二年到达徐州。这次苏轼的任期又是三年。苏轼在徐州又一次要与天灾抗争，因为徐州遭遇了千年不遇的洪水泛滥。毫无抗洪经验的苏轼并没有被吓

倒，他组织兵民利用有利地形，昼夜不
休，抢修堤防，积极开展抗洪工作。他的
"吾在是，水决不能败城"的许诺，极大
地鼓舞了徐州的百姓。洪水退去后，苏轼
上书，请求朝廷拨款在徐州城外修筑大
坝，为以后的防洪工作打下坚实的基础。
在苏轼的恳求下，朝廷下拨了一定数量的
钱款和人力。苏轼据此做好预算，在徐州
城的东南部修建了一道永久性的防洪木
坝。同时，为了表示纪念，他还命人在东
门修盖了一座一百尺高的"黄楼"。除了
防洪，苏轼对当地的农业生产也很关心

和重视。每逢遇到干旱，苏轼在率领百姓抗旱的同时，也总是很虔诚地为百姓祈雨。虽然这种做法带有封建迷信色彩，但苏轼为民爱民的态度却是值得敬佩的。

神宗元丰二年（1079年）三月，苏轼又接到朝廷要他调任湖州太守的诏令。通过以上论述，我们已经知道苏轼是一位勤政爱民的清官。因此，无论到哪里任职，都深得百姓爱戴。朝廷的调令一到，徐州百姓都对其依依不舍，而湖州的百姓却张灯结彩，准备迎接这位闻名已久的太守。苏轼被百姓的做法深深地感动了。

可是，正当他在湖州准备实行自己的救灾计划的时候，一场灾难却悄悄降临了。这就是历史上的"乌台诗案"。在他到达这里仅三个月后，就因此案而锒铛入狱。

　　苏轼连任地方官的八年，可以说是他勤勤恳恳为百姓谋福利的八年。苏轼虽然反对王安石领导的新法改革，但是到达地方后，对朝廷下达的新法条例，他并没有什么过激的举措。苏轼也承认，新法的很多内容是有利于巩固国家统治的。只是在执行的过程中，有很多混入变法派的不法之徒不按规章办事，这也正是变法派过于激进的后果。而苏轼总能根据实际情况有选择地执行新法，对那些伤害百姓利益、加重百姓负担的条例，他一概坚决拒绝。

　　所以，虽然苏轼一直在做地方官，但他仍然是一些人的眼中钉和肉中刺，这

些人对苏轼可谓"除之而后快"。

（三）乌台诗案被贬黄州

在苏轼任地方官、辗转于各个任所之际，北宋朝廷的政治斗争非常激烈。起因是王安石的变法。前文我们已经说过，王安石变法的目的实质上是富国强兵，改善北宋积贫积弱的局面。但是新法条例在推行中遭到了一些大臣的极力反对，因此形成了反变法派。因意见分歧，一些老臣纷纷隐退，王安石只好起用一些"新进勇锐之人"。此时，一批投机钻营的小人也趁机混入了变法派阵营。这些人假借变法之名，大肆打击异己，以巩固自己的地位。王安石在新旧两派的夹攻排挤下，两次罢相，并最终于熙宁九年十月退居金陵，不问政事，直至终老。变法派被小人操控，使得变法成为统治阶级内部进行的一场严肃的政治斗争，已经演变成争权夺利、互相倾轧的"党争"。面对反变法派日益强大的阵营，新派中假意支持新法而谋得高位的小人恐慌难当，他们决定出手反击。于是，直言敢谏的苏轼就成为了他们首选的打击对象。带头的是御史中丞李定、权监御史里行何正臣和舒亶等人，他们开始多方搜罗苏轼的"罪证"。而此时的苏轼是一位名副其实的实干家，他在地方上勤于政事，做出了很多成绩，深受百姓的拥戴，同时也得到神宗皇帝的多次表扬。所以，那些奸诈的小人在苏轼政绩上寻找不到任何

纰漏，便在苏轼的诗文上做文章，"乌台诗案"应运而生。

"乌台诗案"之"乌台"是御史台的别称。此名来源于汉代，据说当时御史台外有一棵很大的柏树，上面栖息着很多乌鸦，所以御史台从此又被称为"乌台"。此次苏轼一案是因诗文而起，所以称"乌台诗案"。

乌台诗案的导火索是苏轼在到达湖州任所后，按例上呈给皇帝表谢恩的《湖州谢表》。在谢表中，苏轼写了这样几句话："知其愚不适时，难以追陪新进，察其老不生事，或能牧养小民。"（《东坡集》卷二十五）"新进"和"生事"等词语刺激了一些小人。因为"新进"一词在变法期间已经成为那些毫无能力却突然升迁的人的代称。那些靠"歌颂"变法而迅速得势的人，认为苏轼在用"新进"和"生事"等词语嘲讽他们。于是，这些人开始群起而攻之，陷害苏轼。他们将苏轼的诗文收集起来，从中断章取义，罗织罪名，其焦点主要集中在苏轼肆意批评新政上。的确，苏轼有些诗句对新法是有所批评，但那是因为他深入地方，目睹了一些新法的弊端。他借诗文抒发情怀的同

时，主要还是想引起当权者的注意，以便于改进政策，并没有反对朝廷之意。但是欲加之罪，何患无辞。李定等人轮番向神宗皇帝上书，弹劾苏轼。神宗皇帝在数日内连续收到了四份状纸。第一份是元丰二年的六月二十七号由何正臣上交的。他首先批评苏轼的谢表"愚弄朝廷，妄自尊大"，并且特别强调苏轼对新政的否定。他同时还上交了一本苏轼的诗集作为罪证。第二份和第三份是在七月二日由舒亶、李宜同时提交的，他们在上交苏轼更多诗文的同时，还曲解苏轼的诗文，以此来激怒神宗。七月三日，李定上交了第四份状纸，声称苏轼有四大该杀之罪。这四大罪从考取进士及第开始批判，直到苏轼在地方官任上，简直无所不包。四人在状纸中都极力建议皇帝将苏轼处以极刑，"以示天下"。神宗虽然爱惜苏轼的文才，但是在众人轮番的状告中，只好下旨将苏轼逮捕，押送回京审讯，准备治罪。元丰二年（1079年）的八月十八日，苏轼被押解到京城。

苏轼入狱后，随即被投入阴暗的牢房。之后的五个多月，李定等人对苏轼进行了百般折磨，逼迫苏轼屈认罪行，苏轼对这些小人严词讽刺，毫不妥协，已做好

慷慨赴死的准备。苏轼入狱后，营救苏轼的人也很多。这其中包括曾经位居参知政事的张方平和宰相吴充等。这里还要提到两个特殊的求情之人：一个是已经退隐的王安石；另一个是神宗的祖母曹氏。王安石和苏轼之间的矛盾只是集中在政见上，在才学和为人上，王安石是很佩服苏轼的。所以在苏轼被抓之后，王安石上书皇帝说："安有圣世而杀才士乎？"神宗的祖母曹氏关于二苏"两宰相"之说，早就有所耳闻，她极力反对神宗处死苏轼。神宗也很爱惜苏轼的才气，本来就没有打算置苏轼于死地，再加之众人的求情，他于当年的十月十五日颁布了大赦天下的诏令，苏轼暂时没性命之忧。十二月二十八日，神宗做出最后的裁决：苏轼贬居黄州。其他有关官员也都不同程度地受到了牵连——苏辙因上书营救苏轼，得罪当权者，被贬到高安。与苏轼关系密切的黄庭坚和曾巩等人也都遭到贬谪。历史上著名的"乌台诗案"至此告一段落。

北宋神宗三年（1080年）二月，苏轼在其长子苏迈的陪同下到达了黄州。黄州地处今湖北省东部的长江北岸，北宋时属于偏僻荒凉之地。苏轼的官衔是"责授检校尚书，水部员外郎，充黄州团练副使，本州安置，不得签书公事"，在名义上说，苏轼得到的是一个闲职，不能参加公事；实质上，他在某种程度上还是受到朝廷监视的，是一个特殊的"囚徒"。苏轼在黄州过着简朴的生活，还经常亲自参加劳动。虽然如此，苏轼却感到很适意，一度有在

此终老的打算。因无公事缠身，苏轼经常出游，流传千古的《赤壁赋》就是他在游览赤壁后所作的。但是，百姓的疾苦并没有被苏轼忘记，在其《黄州道上遇雪》中，"伫立望原野，悲歌为黎元"，很明显地表达了这种情怀。苏轼虽然被剥夺了参加公事的权利，但他总是请求其他官员多为百姓做事。这里举一例来说明。武昌一带自然灾害不断，百姓生活贫困，但是朝廷赋税却丝毫没有减免，百姓竟然被逼迫到溺杀婴儿的程度。苏轼"闻之辛酸，为之不食"，于是写信给鄂州知州朱寿昌，请求赈济。苏轼虽然没有实权，但是他的爱民之心仍然赢得了黄州人民的爱戴。在苏轼修造房屋时，当地居民纷纷前来帮忙，用苏轼自己诗中的话说："四邻相率助举杵，人人知我囊无钱。"在黄州居住的五年间，他同当地人民建立了很深厚的感情。

（四）东山再起再遭忌恨

宋神宗一直很赏识苏轼的才华，多次想重新起用他，但都遭到一些忌恨苏轼的权臣的阻挠。元丰七年（1084年）四月，神宗下诏说："苏轼黜居思咎，阅岁滋深。人才实难，不忍终弃。"苏轼终于

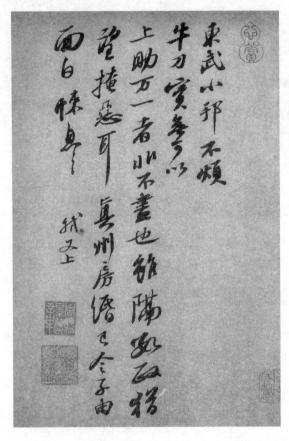

被改授距离京师很近的汝州（今河南境内）任团练副使。苏轼本想上书皇帝请求继续留在黄州，但是又恐获罪。于是，他只好带领家人奔赴汝州。元丰八年（1084年）年底，苏轼一家到达泗州时（今江苏境内），盘缠所剩无几。苏轼给神宗上书《乞常州居住表》，他说"有薄田在常州宜兴县"，所以请求皇帝允许他在就近的常州居住。宋神宗同意了苏轼的请求，当苏轼到达南都（今河南商丘）时，皇帝批复的圣旨到达，于是他再一次从南都携家眷返回常州。第二年五月，苏轼刚到常州，朝廷的圣旨紧接着也到达了，任命苏轼为登州知州。

苏轼境遇的暂时好转是因为北宋政局又发生了变化。北宋神宗元丰八年（1085年）三月，在位十八年的宋神宗病逝，年仅10岁的皇太子赵煦继承皇位，是为宋哲宗，并于第二年改元为元祐。因新皇帝幼小无知，无法处理政事，朝政由神宗之母高太后掌握，实际上就是垂帘听政。高太后向来是反对王安石变法的，她听政后开始着手推翻新法，朝政因此大变，史书上称为"元祐更化"。一批因反对新法被降职或自请退隐的老臣纷纷被起用，司马光被任命为宰相，这其中也包括苏轼被任命为登州知州。之后，司马光再次向朝廷推荐苏轼和苏辙，希望朝廷能量才录用。所以，苏轼在到达登州的第五天，就又被召回京城任礼部郎中，不久又任起居舍人。三个月后，又进一步被提升为中书舍人。起居舍人已经是皇帝近臣，中书舍人的地位在起居舍人之上，已经能够参与国家机密了。苏轼对连

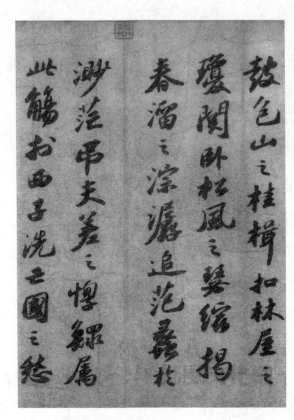

番的提拔并没有感到很兴奋，而是上书请辞，他说："臣顷（前不久）自贬所，起知登州；到州五日，而召以省郎；到省半月，而擢为右史（起居舍人）。……出入禁闼，三月有余，考论事功，一毫无取。今又冒荣直授，躐众骤迁。非次之升，既难以处；不试而用，尤非所安。"苏轼的请求不但没有被批准，而且在司马光死后不久又被升为翰林学士，可以说已成为位高权重之人。这段时间是苏轼仕途升迁的高峰。

刚直不阿的苏轼似乎总是不合时宜。王安石主持新法时，他被视为保守派，因此遭受各种打击和迫害。"元祐更化"之后，他又和当政者产生了分歧。以司马光为首的保守派不分青红皂白全面废除新法，这种盲目的做法又引起了一些官员的反对，这其中就包括苏轼。其实，苏轼兄弟一直很敬重司马光的正直为人，但是并未因此在政见上对司马光曲意逢迎。在很多问题上他都敢于和司马光据理力争。例如在役法问题上，司马光主张废除免役法。免役法其实比较合理地减轻了百姓的一部分压力，刺激了百姓发展生产的积极性。对这项行之有效的政策，司马光却要代之以差役法，苏轼与之当堂辩论，固执的司马光被苏轼称为"司马牛"。苏轼就这样招致了保守派的不满。元祐元年（1086年）九月初一，忠心耿耿、以天下事为己任的司马光病逝。之后，苏轼和著名的理学家程

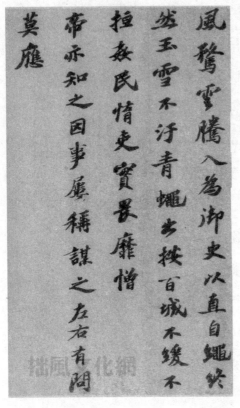

颐之间的矛盾进一步激化。因为程颢、程颐兄弟是洛阳人，苏轼、苏辙兄弟是四川人，所以他们之间的斗争在历史上称为"洛蜀之争"。"洛蜀之争"持续了很长时间，很多不满苏轼的人趁机挑起事端，攻击陷害苏轼。

苏轼主动请求出任地方官，终于获准以龙图阁学士出任杭州知州。元祐四年（1089年），苏轼回到了阔别已久的杭州。从他第一次任杭州通判到现在，已经十五六个年头过去了。此时的苏轼依然保持着他一贯的为官风格，非常体恤人民，努力帮助百姓抗灾、减税、解决难题。他此次刚上任就遭遇水灾，导致早稻无法播种。水灾过去后又遇上旱灾，晚稻收成无望，百姓温饱已经成了大问题，用苏轼的话说："民之艰食，无

甚今岁。"苏轼马上接连上书朝廷减价出
售常平米,以帮助灾民度过饥馑之年。水
旱灾害过后,瘟疫又流行,苏轼连续奔
走筹款,还拿出自己积攒的俸禄五十金,
在杭州创立安乐病坊(相当于现在的医
院),救治了千余人。他的政绩还表现在
对杭州西湖的治理上。杭州西湖因久未
疏浚,淤塞非常严重,苏轼在一首诗中曾
说到"葑合平湖久芜漫,人经丰岁尚凋
疏"。西湖的淤塞,一方面影响人们观赏
优美的湖光山色;另一

方面,也是更主要的,

即失去了西湖对民生

的利处。西湖上接运

河,下临民田,有灌溉

之利。于是苏轼上书

朝廷请求疏浚西湖,

他在《乞开西湖状》中

说,"杭州之有西湖,

如人之有眉目""使

杭无西湖，如人去其眉目，岂复为人乎"，如果再不治理"更二十年，无西湖矣"。朝廷批准了苏轼的请求，他经实地调查，制订了科学合理的治湖计划，先疏通湖底，再将葑泥堆积在里湖和外湖之间，并利用其筑起一道长堤，这样既避免了来回运送淤泥，筑起的长堤又利于交通。据说筑新堤时，苏轼每天都会到堤上巡视，如果遇上自己的饭菜未送到，他就和民工一同进食。所以，大家都说苏知州很有亲和力，没有官架子。新堤建好以后，人们在堤坝上种植了杨柳、芙蓉等花木，给西湖增添了不少韵味。西湖的疏浚成功，保证了水资源的有效利用。元祐六年（1091年）继任知州林希在堤上立"苏公碑"，后人因此把长堤称为"苏堤"。"苏堤春晓"至今仍然是杭州的名胜之一，闻名中外。这里还有一个关于苏轼的小故事。据说在疏浚西湖的时候，百姓曾抬猪担酒来给他拜年，苏轼收下了猪肉，叫人切成方块，烧得红酥香嫩后，送给治湖的民工吃，于是大家都戏称这些猪肉为"东坡肉"。直到现在，"东坡肉"依然是一道名菜。苏轼这次在杭州任职的三年间，赢得了百姓的敬重，很有口碑。《宋史·苏轼传》中记载，杭州人民"家有画像，饮食必祝，又作生祠以报"。另外在杭州还建有苏文忠公祠专门祭祀苏轼。西湖孤山麓的四

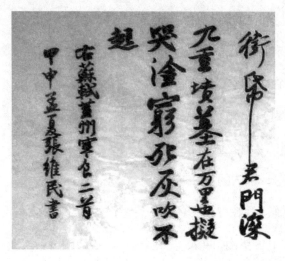

贤祠祭祀的"四贤"中也包括苏轼。

元祐六年（1091年）苏轼奉朝廷诏令回京城再一次担任翰林学士。久经政治考验的苏轼并没有为此沾沾自喜，他担心新一轮的陷害会再此来到。所以他主动上书请辞，但是没有获准。果然不出苏轼所料，有人诬陷他为杭州灾民请求赈济是欺骗朝廷，还有人说苏轼为神宗之死而雀跃，曾写诗庆贺。无论是当年新党小人的陷害，还是如今旧党分子的诬陷，手段都极其相似。虽然最终苏轼并未获罪，但是他厌倦了这种尔虞我诈的日子，再次请求外调。元祐六年（1091年）八月，回朝两个月后，苏轼又自请外调出任颍州（今安徽阜阳）知州。元祐七年（1092年）二月，苏轼又改任扬州知州。半年后，苏轼又奉命回朝，担任兵部尚书，兼为皇帝侍读。之后，又改为礼部尚书。作为皇帝侍读的苏轼，与哲宗皇帝相处得却不融洽，年龄渐长的皇帝，不愿听从苏轼的劝谏。苏轼是高太后器重的人，而哲宗正因高太后长期执政，内心愤愤不平。帝党与后党之间的矛盾逐渐尖锐。苏轼不愿再介入争权是非，上书恳请让自己去守"重难边郡"。这期间，又有一场巨大的不幸降临到苏轼头上——苏轼的第二任妻子王闰之去世了。

元祐八年（1093年）九月十三日，苏轼任命为定州（今河北定县）知州。这是带有贬谪性质的任命。从此以后，连续的贬谪降临到苏轼的头上，他离自己的家乡越来越远了。

（五）颠沛流离巨星陨落

苏轼在接到担任定州知州的诏令后，就已经预感到未来的艰险。因为长期执掌实权的太皇太后高氏于元祐八年（1093年）九月初三去世，亲政的哲宗因不满祖母高氏的长期执政，所以从亲政开始，就倾向新党，大批反对变法的保守派官员都受到排挤，有的被贬谪，有的被罢免。苏轼虽然和司马光有分歧，但他毕竟反对变法，仍然属于旧党。高氏去世十天后，苏轼就接到了担任定州知州的命令。当年的十月，苏轼到达定州。

苏轼赴定州上任不久，在王安石主持变法时，因投机新法而受重用的章惇和吕惠卿重新被起用，朝廷任命章惇为资政殿学士，任命吕惠卿为中大夫。

定州属于古代中山国，是北邻契丹的军事重镇，但是边备十分松弛，用苏轼的话说就是"承平百年烽燧冷"，一个"冷"字生动地揭示了边防松弛的情景。苏轼下决心，要从根本上改变这种状况，于是他采取了一系列措施。首先从整顿军纪开始。定州军纪松弛，秩序混乱，盗窃成风。例如有人在两年间持杖入库，盗卖公家杂物八百余件，价值二百多两银子，相关官员知晓情况后，却不闻不问。还有明出告示，召集军士和百姓聚众赌博的。在这种情况下，军队的士兵纷纷逃亡，有的竟然聚为"盗贼"。苏轼经过细致调查后发现，这里的禁军大都很贫困，士兵赤身露体，饥寒交迫。士兵住的营房也大量塌坏，根本无法遮蔽风雨。而禁军的贫困，又源于各级不法官吏贪污成风。针对这种情况，苏轼一方面严厉惩处不法官员，另一方面积极

改善禁军的生活条件，派人大力修缮禁军的营房，苏轼认为，"岂可身居大厦，而使士卒终年处于破屋之中，上漏下湿，不安其家？"（《乞降度牒修定州禁军营房状》）整顿军纪的同时，苏轼还着手增修弓箭社，壮大民兵队伍的力量。他认为保境安民的任务，不能都依赖政府军。宋代自"澶渊之盟"订立以来，百姓为了抵御边患和盗贼，自己组织了弓箭社，不论贫富贵贱，每户选一人，弓箭社一般都是"带弓而锄，佩剑而樵"，生产、守边两不误。每当军情紧急，便击鼓集合，一会儿就可以召集到千余人，弓箭社的力量在一定程度上威慑了敌人。苏轼认为应该扩大弓箭社的力量，他计划整编一支三万人的民兵武装，在物质上给予优待，使其更好地配合官军的边防工作，增强边防力量。他在《乞增修弓箭社条约状》中说："弓箭社为边防要用，其势决不可废。"

正当苏轼为巩固北宋王朝的边防而大费脑筋时，他曾经的学生宋哲宗却以"讥斥先朝"的罪名把他贬到了偏远的英州。哲宗绍圣元年（1094年）四月，苏轼南迁。苏轼在奔赴英州的途中，就担心会有"后命"，他在《与子孙发书》中说："言者尚纷纷，英州之命，未保无改。"事实果然如此，他还未到英州，就又被贬为远宁节度副使（宋代，节度使是无权的虚衔），惠州安置。原来，哲宗亲政以后，任用章惇为相，依附章惇的虞策、来之邵都是坚决反对旧党的人物，对苏轼兄弟恨之入骨。所以苏轼还未

到达英州，虞策认为"罪罚未当"，又降
为正六品下的"充左承议郎"，再贬为建
昌（今江西南城）军司马，惠州（广东惠
阳）安置。苏轼只好把家小安置在阳羡
（今江苏宜兴），独自与幼子苏过等人南
下惠州。苏轼贬官惠州，一住又是几年，
他深感"中原北望无归日"，就开始做长
远打算。短短数月中，一贬再贬，政敌们
试图将苏轼置之死地。此时的苏轼已经
是年近六十的老翁，千里奔波，对其精神
和身体都是很严重的伤害。即使这样，
苏轼在惠州仍然非常关心老百姓的疾
苦，他运用自己多年的经验和所积累的知

识，着重改善当地居
民的生活条件。广州
百姓因多食用咸水，
人们经常患有疫病。
于是苏轼就向知州
王敏仲建议，从二十
里外的蒲涧山用竹

筒将水引入城中。他还考虑到因路远日久，竹筒可能堵塞，便提议在每节竹筒上钻一小眼，"以验通塞"。惠州博罗香积寺溪水湍急，苏轼提出在这里设碓磨，用来磨粉舂米，减轻农民负担。他还多方研制医药，救死扶伤，深得当地百姓的敬重。

苏轼62岁时又被贬到儋州。这次被贬的原因据说也是因为诗文。宋代的儋州，相当落后荒凉。苏轼在自己的文章中详细描绘了这里的生活状况："食无肉，病无药，居无室，出无友，冬无炭，夏无泉"，总之，这里几乎赤地一片，而且此地常年炎热潮湿。年过六旬的苏轼身体上遭受了巨大的痛苦，和三子苏过在这荒岛上过的生活可以用"苦行僧"来形

容。元符三年（1100年），年仅17岁的哲宗病死，因无后代，由弟弟赵佶即位，是为宋徽宗，政局再一次发生变化。新皇帝宽赦了元祐旧臣，让贬谪在外的人逐渐内迁。这一年五月，苏轼奉命内迁濂州。他挥泪告别海南人民，七年的流放生涯让他百感交集。66岁的老人，居然没有被政敌折磨而死在岭南，还获得了北归的机会。这年的八月，苏轼又被改为舒州团练副使，永州安置。他再也不愿意卷入朝廷的政治斗争，只想挑一个清净的地方安度余生。本来，他打算和弟弟苏辙一起住在颖昌（今河南许昌），但是得知朝廷又开始排斥元祐旧党，便打定主意，留居

常州。但是，多年的贬官、流放、恶劣的生活环境以及旅途的辛劳，使苏轼再也无法支撑下去。建中靖国元年（1101年）七月二十八日，一代文豪苏轼病逝于常州。他留下的最后一句话是"吾生不恶，死必不坠"。他死后，"吴越之民，相哭于市"，太学生还举行了仪式来缅怀他。

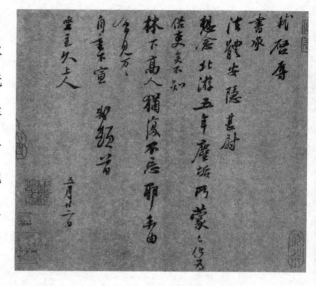

苏轼的一生，在政治上历经艰难坎坷，备受政敌的折磨。但是他始终热爱人民，始终尽力为人民谋福利，并取得了很大的成效。虽然后人更多是因为他巨大的文学成就而将他铭记于心，然而，苏轼在政治上以天下为己任，兢兢业业为民谋福利的精神也同样值得我们敬重。

四、文学巨匠

　　曾有学者说，苏轼是一位莎士比亚式的文学家、艺术家。作为宋代最伟大的文人之一，他以多才多艺、全面发展、富有独创精神及在文学艺术多个领域都卓有建树而闻名于世，尤其是在散文、诗、词各方面都有极高的成就。"苏东坡"这个名字早就远播四方，妇孺皆知。以词来看，他是"豪放词"的开山始祖，与辛弃疾并称为"苏辛"，词作多达三百四五十

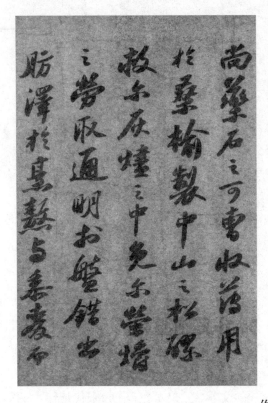

首，突破了之前词作多表现相思离别、男欢女爱的藩篱，反映社会现实生活，抒写报国爱民的情怀，可谓是"无意不可入，无事不可言"。词风大多雄健激昂，顿挫排宕，语言和音律上也都有创新，表现出多样化的艺术风格。诗歌方面，他是北宋诗坛的领军人物，与唐代的李白、杜甫、韩愈一起并称为"李、杜、韩、苏"，创作的诗歌作品有两千七百余首，题材丰富多样，写物传神，奔放灵动，触处生春，极富情韵，成一代之大观。散文方面，他是中国古代著名的"唐宋八大家"之一，与父亲苏洵、弟弟苏辙并称"三苏"，在八大家之中占有极其重要的地位，他的散文有的谈史议政，气势磅礴，善于腾挪变化；有的叙事记游，充满

诗情画意，深含理趣。他还是一位著名的文艺评论家，在散文、诗词、音乐、绘画、书法等领域都有自己独特的见解，论点精辟，不拘一格，给当时及后人以深刻的影响。苏轼的一生，对中国和世界的文学艺术创作，都作出了不可磨灭的贡献。

（一）豪放词祖

在北宋词坛上，苏轼取得了雄视百代的成就，世人对其词的评价颇高，《苕溪渔隐丛话》中胡仔云："东坡词皆绝去笔墨畦径间，直造古人不到处，真可诗人一唱而三叹。"胡寅在《酒边词序》中说："眉山苏轼，一洗绮罗香泽之态，摆脱绸缪宛转之度，使人登高望远，举首高歌，

而逸怀浩气，超乎尘垢之外，于是'花间'为皂隶，而耆卿为舆台矣。"王灼说："长短句虽志本朝而盛，然前人自立与真情衰矣。东坡先生非心醉于音律者，偶尔作歌，指出向上一路，新天下耳目，弄笔者始知自振。"（《碧鸡漫志》）这些评价是很中肯的。

词是诗歌的变体，它是音乐的产物，反过来又促进音乐的发展。在苏东坡之前，浪漫主义词人柳永的词基本属于"花间派"范畴，多描写穷愁离恨、怨思闺情。范仲淹也写过反映边塞风光的词，唱出了慷慨悲凉的歌声，但在当时并没有形成词的正统。"苏词"则一反婉约派的脉脉柔情，彻底改变了一直以来"诗庄词媚"的说法，或慷慨激昂、或纵横奔放、或雄伟苍劲,确立了豪放词的地位,引起词的方向性转变与创作的新高潮,在词的领域实现了一场自觉而巨大的革新,将豪放派提升到与婉约派同等的地位。但是,豪放虽然是苏轼词作的主要风格,他同时也兼收了婉约派的长处,写了一些缠绵深情的作品,如悼念亡妻的词作《江城子》,如今读来,仍令人感动得泪如雨下。另外,苏词最大的一个特色就是"以诗为词",就本质来说,这既不是李清照所讥责的"皆句读不葺之句",也非后来贺铸、周邦彦乃至南宋诸家化用诗句入词的创作手法,而是将诗的精神注人到词的创作中,从而使词品、词境从侧艳、偏狎提高到堪与诗歌比肩的高度。

与诗、文相比

较，苏轼开始倚声填词的时间较晚，纵观苏词，其思想内容非常广泛，题材也异常广阔，大致可分为四类：政治咏怀词、乡村风貌词、诚挚友情词和婉约爱情词。

政治咏怀词：苏东坡的政治咏怀诗，是他词作的重要组成部分。这类词主要有四方面内容。一类是通过雄健的笔墨来塑造英气勃勃的英雄人物，抒发了自己积极报国、要求建功立业的壮志豪情。如《江城子·密州出猎》：

老夫聊发少年狂。左牵黄，右擎苍，锦帽貂裘，千骑卷平冈。为报倾城随太守，亲射虎，看孙郎。

酒酣胸胆尚开张。鬓微霜，又何妨！持节云中，何日遣冯唐？会挽雕弓如满月，西北望，射天狼。

这首词作于熙宁八年（1075年）冬，是公认的苏轼的第一首豪放词。苏轼自己对这首痛快淋漓之作颇为得意，在给友人的信中曾写道:"近却颇作小词,虽无柳七郎风味,亦自是一家。数日前,猎于郊外,所获颇多,作得一阕,令东州壮士抵掌顿足而歌之,吹笛击鼓以为节,颇壮观也。"这首词在当时的词坛独树一帜,具有积极的创新精神。首先,苏轼用词来写习武打猎,借以抒发关心边防的热忱,进一步发展了范仲淹悲壮苍凉的边塞词的精神;其次,词中塑造了一个激昂慷慨,一心驰骋疆场的志士形象,这个形象的出现,在词史上还是首例;最后,苏轼一反"诗庄词媚"的传统观念,"一洗绮罗香泽之态,摆脱绸缪宛转之度",形成一种粗犷豪迈的风格,与当时笼罩词坛的柳永词的词风形成鲜明的对照,拓宽了词的境界,树起了词风词格的新旗

帜。

《念奴娇·赤壁怀古》也是这一类中的佳作：

大江东去，浪淘尽、千古风流人物。故垒西边，人道是、三国周郎赤壁。乱石穿空，惊涛拍岸，卷起千堆雪。江山如画，一时多少豪杰！

遥想公瑾当年，小乔初嫁了，雄姿英发，羽扇纶巾，谈笑间、樯橹灰飞烟灭。故国神游，多情应笑我，早生华发。人生如梦，一尊还酹江月。

这首被誉为"千古绝唱"的名作，写

于神宗元丰五年（1082年）七月，是苏轼贬居黄州游黄风城外的赤壁矶时所作。这首词可算是宋词中流传最广、影响最大的作品，它彻底确立了豪放派在我国词史上的地位，并说明了"苏词"的高度成熟，它对于一度盛行缠绵悱恻之风的北宋词坛，具有振聋发聩的作用，可以说是苏轼个人创作上的，同时也是中国词史上的一个里程碑。此词上阕咏赤壁，下阕怀周瑜，以自身感慨作结。"大江东去，浪淘尽、千古风流人物"，起笔便气势恢弘，时越古今，地跨万里，把倾注不尽的大江与名高累世的历史人物联系起来，设置了一个极为广阔而悠久的空间与时间背景。"乱""穿""惊""拍""卷"等词语的运用，精妙独到地勾画了古战场的险要形势，写出了它的雄奇壮丽景象，从而为下阕追怀赤壁大战中的英雄人物渲染了环境气氛。对于周瑜，苏轼特别欣赏他少年功名，英气勃勃。"小乔初嫁"一句看似闲笔，况且小乔初嫁周瑜时是在建安三年，远在赤壁之战前十年。看似无意的一笔实质上却含义深刻，是为了突显出周瑜的少年才俊，志满意得。词也因此豪放而不失风情，刚中有柔，与篇首"风流人物"相呼应。"羽扇纶巾"三句写周瑜

战功赫赫，他身为主将却并没有置身沙场，兵戎相见，而是着便服摇羽扇，谈笑风生。这样的潇洒从容、指挥若定不是一般人所能拥有的。写战争一点不渲染士马金鼓的战争气氛，只着笔于周瑜的从容潇洒，指挥若定，而苏轼

这一年已经47岁了，不但功业未成，反而待罪黄州，同30岁左右就功成名就的周瑜相比，壮志未酬的自己不禁深感惭愧，仰天自叹"人间如梦"。这首怀古词虽然下阕有些许感伤的色彩，但依然不能掩盖全词奋进和豪迈的气派。

第二类是作者直抒胸臆，表现自己慷慨峥嵘政治情怀的词作，代表作品是《沁园春·赴密州，早行，马上寄子由》：

孤馆灯青，野店鸡号，旅枕梦残。渐月华收练，晨霜耿耿，云山摛锦，朝露漙漙。

世路无穷，劳生有限。似此区区长鲜欢。微吟罢，凭征鞍无语，往事千端。

当时共客长安，似二陆初来俱少年。有笔头千字，胸中万卷，致君尧舜，此事何难？用舍由时，行藏在我，袖手何妨闲处看？身长健，但优游卒岁，且斗樽前。

这首词是苏轼于熙宁七年（1074年）七月在由杭州移守密州的早行途中寄给其弟苏辙的作品。词中由景入情，由今忆昔，除了开头几句形象描述之外，

其余大多是议论，是一篇直抒胸臆的言志抒情之作，表达了作者人生遭遇的不幸和壮志难酬的苦闷。头几句写景，以

"孤""青""野""残"等字眼传神地渲染出早行途中孤寂、凄清的环境和心境。下阙着重议论和抒怀，遣词命意无拘无束，经史子集信手拈来，汪洋恣肆，显示出作者横放杰出的才华。整首词脉络清晰，层次井然，回环往复，波澜起伏，构成一个统一、和谐的整体。全词集写景、抒情、议论为一体，融诗、文、经、史于一炉，体现了卓绝的才情。

第三类是词人抒写自己抱负无法施展，政治上遭贬斥后愤懑抑郁的心情。这类词数量很多，艺术性较高，感情多沉郁顿挫，悲愤激昂。如《卜算子》：

缺月挂疏桐，漏断人初静。谁见幽人独往来，缥缈孤鸿影。

惊起却回头，有恨无人省。拣尽寒枝不肯栖，寂寞沙洲冷。

这首词是元丰五年（1082年）十二月苏轼初贬黄州寓居定慧院时所作。词中借月夜孤鸿这一形象托物寓怀，倾诉了自己的处境和无人理解自己的苦衷，充分体现了作者内心的苦闷彷徨和不肯随人俯仰的政治态度。全词简约凝练，空灵流走，含蓄蕴藉，寄意深远。黄庭坚评价说："语意高妙，似非吃烟火食人语，非胸中有万卷书，笔下无一点尘俗气，孰能至此！"

《醉落魄·离京口作》

轻云微月，二更酒醒船初发。孤城回望苍烟合。记得歌时，不记归时节。

巾偏扇坠藤床滑，觉来幽梦无人说。此生飘荡何时歇？家在西南，常作东南别。

这首词作于熙宁六年（1073年）冬，此时苏轼39岁，任杭州通判。由于公务，作者经常往返于京口、富阳、常州等地，风尘仆仆，筋疲力尽，心情抑郁。这首词是写他离开京口时，在舟中酒醒后对自己这种辛劳飘荡生活感到无奈与不满，以及对家乡的思念。整首词语言平易质朴而又清新自然，笔调含蓄蕴藉而又飞扬灵动，感伤之情寓于叙事之中，将醉酒醒后思乡的心境表现得委婉动人，使人领略到作者高超的艺术表现技巧。

属于这一类的词作还有《满庭芳》（归去来兮）、《蝶恋花·京口得乡书》《念奴娇》（凭高跳远）、《水龙吟》（似花还似非花）、《满江红》（江汉西来）等。

第四类是词人在面对遭贬谪、尽失意的痛苦与无奈时转而"归诚佛僧"，在佛老思想中寻求宽慰，在逆境中依然怡然自得、安贫乐道的作品。

代表作为《答李琼书》、《望江南》（春未老）、《浣溪沙》（山下兰芽短浸溪）、《定风波》（莫听穿林打叶声）等，这类作品清新旷达，表现了词人无往而不乐，"浩然天地间，惟我独也正"的旷达乐观的胸襟。如《定风波》：

三月七日沙湖道中遇雨。雨具先去，同行皆狼狈，余独不觉。已而遂晴，故作此。

莫听穿林打叶声，何妨吟啸且徐行。竹杖芒鞋轻胜马，谁怕，一蓑烟雨任平生。

料峭春风吹酒醒，微冷，山头斜照却相迎。回首向来萧瑟处，归去，也无风雨也无晴。

人生不经几番风雨，便难彻悟。宋神宗元丰三年（1080年），苏轼因"乌台诗案"被贬黄州。这次磨难几乎要了他的性命，劫后余生的苏东坡对仕途早已厌倦，对人生更是大彻大悟。从刚被贬谪时作者"长恨此身非我有，何时忘却营营"到三年后作此词时"归去，也无风雨也无晴"的平和心境，乡间景色的清新与乡野村夫的质朴已经使词人超脱出了名利场上的悲欢离合。值得一提的是，词人巧用双关，以"晴"谐音"情"，巧妙地将自然之景和心中之情结合起来，了无痕迹，有效地传达出词人内心的平静与淡泊。纵观全词，一种醒醉全无、无喜无悲、胜败两忘的人生哲学和处世态度呈现在读者面前。读罢全词，人生的沉浮、情感的忧乐，自会有一番全新的体悟。

苏轼关于农村题材的词作大约有三十五首，唐圭章、潘君昭在《论苏轼词》中说："在苏轼以前，还没有文人采用过这类题材。苏轼能把他的创作视野扩展到农村方面，是与他的生活经历和思想倾向有密切关系……虽

然不脱地方官的口吻，但它们毕竟是文人词中开倡风气的篇章。"叶柏村在《论苏轼对词境的扩大和提高》中认为，

"在词中表现普普通通的劳动人民，展示平平常常的农村生活画面，也是从苏轼开始的"。苏轼在词的发展史上，的确是"开倡风气"的领导者，他的农村词富有生活气息，塑造的村夫、村妇形象鲜明，对农村风光的描绘细致清丽，词人还在作品中表达了自己对人民疾苦的关怀和自己向往村居、终老田园的愿望。这类作品中比较有代表性的是《浣溪沙·徐门石谭谢雨，道上作五首》、《哨遍》（为米折腰）、《江城子》（梦中了了醉中醒）等，可以说，苏轼的农村词对北宋词风与题材的拓展起了不可忽视的作用。下面以

《浣溪沙》五首中的一首为例来体会苏轼农村词的风格。

　　麻叶层层苘，谁家煮茧一村香。隔篱娇语络丝娘。

　　垂白杖藜抬醉眼，捋青捣麨软饥肠。问言豆叶几时黄。

　　这首词以清新自然的笔调，描写了农村在夏日久旱无雨，终于一场大雨过后乡间一片生机勃勃的景象，全词层层递进，上阙塑造了"娇语络丝娘"的可爱，下阙塑造了一个盼秋收的老叟形象，这两个人物的身上都寄托了词人对农事的关心和对农民纯真、诚挚的感情。

　　诚挚友情词：苏轼一生虽然大起大落，但性格直率、心胸坦荡的他交友广泛，不管是身居高位还是遭贬流放，他都能与朋友肝胆相照，处处为朋友着想。因此，苏轼以友情为内容的词占了《东坡乐府》近五分之一的篇幅，约有七十首左右，这类词感情真挚，歌咏了朋友之间纯

真的友谊、对远方朋友的思念、以及手足情谊,艺术特色鲜明,对词境的开拓有积极意义。代表作有《永遇乐》(长忆别时)、《青玉案》(三年枕上吴中路)、《昭君怨》、《醉落魄》(分携如昨)、《水调歌头》(明月几时有)等,其中最著名的是《水调歌头》:

丙辰中秋欢饮达旦,大醉,作此篇,兼怀子由

明月几时有?把酒问青天。不知天上宫阙,今夕是何年?我欲乘风归去,又恐琼楼玉宇,高处不胜寒。起舞弄清影,何似在人间?

转朱阁,低绮户,照无眠。不应有恨,何事长向别时圆?人有悲欢离合,月有阴晴圆缺,此事古难全。但愿人长久,千里共婵娟。

  这首词是宋神宗熙宁九年中秋作者于密州所作。这一时期，苏轼因与当权的王安石等人政见不同，自求外放，辗转在各地为官。作者在密州时，正值中秋，家家团圆，唯有自己形单影只，与弟弟苏辙分别也已整整七年了。也是词人面对着天上的圆月，思念之情满溢，于是乘酒兴正酣时挥笔写下了这首名篇。全词情感放纵奔腾，跌宕有致，结构严谨，脉络分明，情景交融，紧紧围绕"月"字展开，在天上与人间来回驰骋，将广阔的背景与词人超越一己之喜乐哀愁的豁达胸襟、乐观情调相结合，既有理性，又有情趣，显示了词人高超的语言能力及浪漫洒脱超逸的词风。这首《水调歌头》历来都受到人们的推崇。胡仔在《苕溪渔隐丛话》说："中

秋词，自东坡《水调歌头》一出，余词尽废。"

婉约爱情词：描写爱情是晚唐以来最流行的诗词题材。从温庭筠到柳永，词家在抒写男欢女爱时多寄情声色，"好为淫冶讴歌之曲"，苏轼虽然也写爱情，但是他的词却是婉约中含豪放，柔中有刚，正如陆侃如、冯沅君在《中国诗史》中所说的："所谓苏词不喜写男女艳情者，是就我们分析苏词的内容的结果而言。我们分析苏词时，深深觉得，在苏词

中为朋友作的最多，为女人作的最少；他不独不常为女人作词，即为女人作词，也多不涉狎亵。"意思就是说苏轼的爱情词不像柳永等词那样放浪、庸俗，更多的是运用白描手法，笔调活泼、纯朴、真挚、情深意远。清人陈廷焯的评价再贴切不过："东坡之词，纯以情胜，情之至

者词亦至，只是情得其正，不似耆卿之喁喁私情耳。"其实，柳永与苏轼作为词人中的佼佼者，作品都属上乘，只是风格不同而已。苏轼的婉约爱情词代表作品为《菩萨蛮》（玉环坠耳黄金饰）、《蝶恋花》（花褪残红青杏小）、《西江月·梅花》、《南歌子》（云鬟裁新绿）等，其中流传最广的是他悼念亡妻的词——《江城子》：

十年生死两茫茫，不思量，自难忘。千里孤坟，无处话凄凉。纵使相逢应不识，尘满面，鬓如霜。

夜来幽梦忽还乡，小轩窗，正梳妆。相

顾无言,惟有泪千行。料得年年肠断处,明月夜,短松冈。

这首词写于熙宁八年作者在密州任知州时,他的妻子王弗亡于宋英宗治平二年(1065年),距此时已经整整十年。所谓日有所思,夜有所梦,作者之所以能进入"幽梦"之乡,完全是对亡妻朝思暮念、长期不能忘怀所导致的必然结果。作者从漫长的时间与广阔的空间之中来驰骋自己的想象,紧紧围绕"思量""难忘"四字展开描写,一气呵成,又不失曲折跌宕,波澜起伏。上片八句写梦前的忆念及感情上的起伏,下片前五句写梦中的悲喜,末三句叙述梦醒后的感慨。语言朴素自然,毫无雕琢的痕迹,句句真挚,字字沉厚。全词境界开阔,感情纯真,品格高尚,读来令人耳目一新。用词来悼亡,可以说是苏轼的首创和扩大词的题材,在丰富词的表现力方面,本篇均有不可忽视的地位。

（二）诗界奇才

北宋的诗歌革新运动，从王禹偁等人就已开始，矛头直指脱离社会现实生活的形式主义。到欧阳修、梅圣俞、苏舜钦等人，诗歌题材进一步拓展，但是就诗歌的艺术风格来说，宋诗无法企及唐诗的高度。直到"苏诗"出现，宋诗才别开生面，以一个"新"字独树一帜，即用新题材、新色彩、新手法将宋诗提升到了与唐诗各有优长的地位。苏轼一生作诗两千七百余首，内容极为丰富，广泛地反映了他那个时代的社会生活，"苏诗"打破了固步自封的局面、不满足于唐诗所拥有的题材和意境，而力求创新，体现了作者独持的个性

和人格。

宋人王十朋《东坡先生诗集注》将苏诗划分为七十多种，过于繁琐的分类其实大可不必，这里按照内容将苏诗大致分为三类，分别为反映现实、关心民生疾苦类；绘景描物、抒发个人情怀类以及题咏书画作品类。

第一类是反映现实、关心民生疾苦的诗作。宋代的阶级矛盾颇为尖锐，内忧外患使得农民负担沉重。在苏轼的一生中，关心民生疾苦这一点可以说是一以贯之的。无论他是得意还是失意，身处顺境还是逆境。即使是在他晚年被一贬再贬，命运多舛之时，依然不改忧国忧民的本性。人民的疾苦他看在眼里，记在诗中。这类诗作中，比较著名的是熙宁五年

（1072年）作于湖州《吴中田妇叹》：

今年粳稻熟苦迟，庶见霜风来几时。

霜风来时雨如泻，把头出菌镰生衣。

眼枯泪尽雨不尽，忍见黄穗卧青泥！

茆苫一月垄上宿，天晴获稻随车归。

汗流肩赪载入市，价贱乞与如糠。

卖牛纳税拆屋炊，虑浅不及明年饥。

官今要钱不要米，西北万里招羌儿。

龚黄满朝人更苦，不如却作河伯妇！

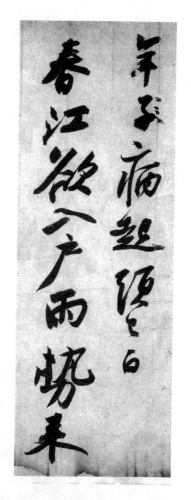

在这首诗中，作者借一个普通农妇之口述说了江浙一带农民凄苦的生活境遇。在天灾人祸的双重压迫下，可怜的农妇只得卖牛来缴税，拆房来生火煮饭，此情此景，怎能不令人心生悲凉？诗的结尾，作者直抒胸臆，沉痛的反映了封建压迫下的贫苦农民痛不欲生的心声："不如却作河伯妇！"形象生动，感情真挚，作者以农妇的口吻声声控诉，读来如见其人，如闻其声，与诗作产生强烈的共鸣。

此类作品比较有名的还有《鱼蛮子》

《许州西湖》《山村五绝》《鸦种麦行》《雨中游天竺灵感观音寺》等。

第二类是绘景描物、抒发个人情怀的诗作。无论是从数量上还是从质量上，最能代表"苏诗"艺术特色的正是这一类绘景描物，抒发自己思乡怀人、阅山望海、饮酒赏月情怀的诗作。因为苏轼生活的时代毕竟不如唐代那样政治开明，可以毫不顾忌，大胆地针砭时弊，宋代文网森严的社会环境使苏轼不得不对自己的感情有所抑制，转而把更多的注意力

放在对个人的悲欢离合和自然景物的描绘上。这类作品风格清丽，色彩明快，意趣盎然，同时又往往蕴含着深刻的哲理，正如清人赵翼在评价"苏诗"时所说的："天生健笔一枝，爽如哀梨，快如并剪，有

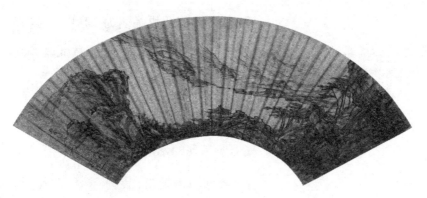

必达之隐，无难显之情，此所以继李、杜后为一大家也。"（《瓯北诗话》）这类诗作的代表作品有《百湖行》《正月二十日与潘、郭二生出郊寻春，忽记去年是日同至女王城作诗，乃和前韵》《初到黄州》《六月二十七日望湖楼醉书五绝》《饮湖上初晴后雨二首》《望海楼晚景》《有美堂暴雨》《海棠》《题西林壁》等。这里以《饮湖上初晴后雨二首》其二为例稍做分析：

水光潋滟晴方好，山色空濛雨亦奇。

欲把西湖比西子，淡妆浓抹总相宜。

苏轼在杭州任通判时，疏导了西湖，灌溉了民田千顷，并筑堤防洪，当地人为了纪念他，将此堤命名为"苏堤"。这首诗作于熙宁六年（1073年），是苏轼题咏西湖的诗作中最有名的一首。前两句用白描和对比的方法，概括了西湖在不同天气下所呈现的不同的美态，"潋滟""空濛"等词用得精当、传神。第三四句，诗人心与景会，从西湖的"晴方好""雨亦奇"，联想到西施的"淡妆浓抹总相宜"，本体和喻体除了字面上同有一个"西"字外，诗人的主要着眼点在于二者同具有天赋的自然之美，以美人喻美景，新奇巧妙而又极富诗意。西湖也因此诗而得美名"西子湖"。全诗构思高妙，语言精练，直到今天，人们每到西湖也一定会想起苏轼的这首诗。

第三类是题咏书

画作品。苏轼是一位全才式的艺术家，除了文学创作，在绘画、书法上也都有很深的造诣。苏轼对书画作品的鉴赏与品评，在

他大量题咏书画的作品中充分地表现出来。这类作品中，有的只是对所画景物的文字再现，如著名的《惠崇春江晚景（其一）》《西河诗话》；有的作者并不满足于单纯的阐发画意，更加以品评画家的创作风格，探究绘画的艺术规律，如《书晁补之所藏与可画竹三首》；有的则是借诗发表自己的艺术看法，如《题王逸少帖》《石仓书醉墨堂》。而苏轼的题画论书之作，蕴涵着这位大文豪精深的艺术见解与独特的审美趣味，是苏诗中不可忽视的一部分。

通过分析苏轼的诗作，我们可以看出苏诗主要有两个鲜明的特色：一是善于想象、多用比喻；二是"以议论为诗"。曾有学者这样评价唐诗与宋诗：唐诗以含蓄隽永见长，意在言外，耐人咀嚼；而宋诗则往往以尖新取胜，虽意尽言中，亦饶有别趣。苏诗自然也不能完全摆脱宋诗总体的创作倾向。他的诗作常常是由眼前事物而发，洋溢着浪漫主义的想象，如《海棠》中的"只恐夜深花睡去，故烧高烛照红妆"一句，诗人大胆的想象使事物有了人的灵性。宋魏庆在《诗人玉屑》中说"子瞻作诗，长于比喻"，可见宋人已经注意到了苏诗的这一特点。《百步洪》（其一）更是因为其中的博喻而为后人称道。在描写水流湍急时，诗人在四句中连用七个比喻，充分显示了诗人深厚的文学功力。苏诗的第二个特色是"以议论为诗"。这其实也是宋诗的一个特点。《题西林壁》和《琴诗》就是此类作品。如《题西林壁》中，诗人以"不识庐山真面目，只缘身在此山中"两句说明了一个深刻的道理：由于认识条件的限制，身处事物之中的人往往不能准确地把握事物的全貌与真相。

对于"以议论为诗"，前人多加以批评，认为这类诗作好堆砌典故，往往流于枯燥抽象的说理。对于这一点，还需要辩证地看待，不可一概加以否定。不可否认，苏诗由于喜以议论为诗，以才学为诗，有时不免搞文字游戏，但苏诗也往往以巧思和理趣取胜，笔势纵横，清雄英爽。苏轼

曾在《书吴道子画后》一文中说吴画"出新意于法度之中,奇妙理于豪放之外",这大概也是对他自己诗歌特色的最佳概括。

(三)散文大家

苏轼除了是杰出的诗人、词人之外,也以散文家的身份位列"唐宋散文八大家"之中。他一生创作了四千六百多篇散文,笔力纵横,挥洒自如,雄辩滔滔,以扎实的功力和奔放的才情,发展了欧阳修平易舒缓的文风,代表了北宋古文革新运动的最高成就。唐代韩愈、柳宗元所倡导的古文运动,对于扫除当时空洞浮靡的文风起了很大的作用。北宋的欧阳修也一直致力于古文革新运动,苏轼受其影响,并不把文章看成是单纯的"载道"的工具,也不认为文学的目的只是阐发儒家道德理念；他常用迂回的方法，肯定文学在表现作者的生活情感、人生体验和哲理思考方面的作用，肯定文学作为一种艺术创造的价值，这种思想即使在今天也是值得推荐的。

苏轼散文从文体上大致可分为：政论和史论、人物传记、小品文、山水游记。下面分别介绍。

政论和史论：嘉祐六年，苏轼在参加制科考试时写下了《策论》二十五篇和《进论》二十五篇，这可以说是他在政治和文学上的第一次亮相。他在其中提出的"天下有治平之名而无治平之实"，在当时可以说是敢言他人而不敢言。与政论相同，苏轼的史论也处处表现了作者的政治思想，不过只是借助历史现象来阐述罢了。《留侯论》《晁错论》

等文章，是苏轼史论的代表作，这类作品也反映了苏轼认识问题与思考问题的深度和广度。

人物传记：苏轼曾说自己"平生不为行状碑传"（《陈公弼传》），但他却为了自己的友人而破例了。在黄州时期，他就为好友陈慥写了一篇颇为传神的传记《方山子传》。这篇传记虽然篇幅不长，却像一幅精练的速写，把人物的个性品行，精神风貌勾勒得分外传神。另外，《潮州韩文公庙碑》也值得一提。苏轼对韩愈评价虽然有偏颇之处，但他还是比较全面地叙述了韩愈在匡扶儒学和振兴文学方面的贡献。"文起八代之衰，而道济天下之溺"两句，集中肯定了韩愈的道德文章与历史地位，可谓准确而中肯。

小品文：这里所说的小品文，专指杂记、书信、题跋一类的文章。其中的《记承天寺夜

游》尤其为人称道。这篇仅有八十五个字的文章可谓短小精干、浑然天成、澄清明澈、超凡脱俗。文章的最后一句"但少闲人如吾两人者耳",可以说是画龙点睛之笔,作者一语道出自己人格的高尚,并将夜月、竹柏作为这种人格的象征,令人为之赞叹。此外,《李氏山房藏书记》《与谢民诗书》也是此类作品中的佳作。

山水游记:中国古人多喜爱游山玩水,登临远望,相应的此类描绘山水、亭台、楼阁的作品也是不计其数。苏轼作为宋代文坛的精英,当然也不会例外。而且苏轼的一生,绝大部分时间都在在外做官,这客观上为他创造了广泛接触大自然,接触各地风光的机会。这一类的代表作品有《喜雨亭记》和《超然台记》,可以说是与之前范仲淹、欧阳修脍炙人口的《岳阳楼记》与《醉翁亭记》相互辉映。但是,苏轼散文中集大成之作仍要属《前赤壁赋》和《后赤壁赋》。以《前赤壁赋》

为例：

　　壬戌之秋，七月既望，苏子与客泛舟游于赤壁之下。清风徐来，水波不兴。举酒属客，诵明月之诗，歌窈窕之章。少焉，月出于东山之上，徘徊于斗牛之间。白露横江，水光接天。纵一苇之所如，凌万顷之茫然。浩浩乎如冯虚御风，而不知其所止；飘飘乎如遗世独立，羽化而登仙。

　　于是饮酒乐甚，扣舷而歌之。歌曰："桂棹兮兰桨，击空明兮溯流光。渺渺兮予怀，望美人兮天一方。"客有吹洞箫者，倚歌而和之，其声呜呜然：如怨如慕，如泣如诉；余音袅袅，不绝如缕；舞幽壑之潜蛟，泣孤舟之嫠妇。

　　苏子愀然，正襟危坐，而问客曰："何为其然也？"客曰："月明星稀，乌鹊南飞，此非曹孟德之诗乎？西望

夏口，东望武昌。山川相缪，郁乎苍苍；此非孟德之困于周郎者乎？方其破荆州，下江陵，顺流而东也，舳舻千里，旌旗蔽空，酾酒临江，横槊赋诗；固一世之雄也，而今安在哉？况吾与子，渔樵于江渚之上，侣鱼虾而友麋鹿，驾一叶之扁舟，举匏樽以相属；寄蜉蝣与天地，渺沧海之一粟。哀吾生之须臾，羡长江之无穷；挟飞仙以遨游，抱明月而长终；知不可乎骤得，托遗响于悲风。"

苏子曰："客亦知夫水与月乎？逝者如斯，而未尝往也；盈虚者如彼，而卒莫消长也。盖将自其变者而观之，而天地曾不能一瞬；自其不变者而观之，则物于我皆无尽也。而又何羡乎？且夫天地之间，物各有主。苟非吾之所有，虽一毫而莫取。惟江上之清风，与山间之明月，耳得之而为

声，目遇之而成色。取之无禁，用之不竭。是造物者之无尽藏也，而吾与子之所共适。"

客喜而笑，洗盏更酌，肴核既尽，杯盘狼藉。相与枕藉乎舟中，不知东方之既白。

这首《前赤壁赋》写于元丰五年（1082年）七月，这时苏轼谪居黄州已近四年。无辜遇害，长期被贬的境遇不免使人郁愤有加。但作者却能坦然而处之，以达观的胸怀寻求精神上的解脱。他在这篇赋中既是自言愁，而又自解其愁，最终在大自然中寻找到了精神上的寄托。赋分三层意思逐层展开，先写夜游之乐，再写乐极悲来，最后写悲后感悟。情感上一波三折，层层深入。文笔跌宕变化，熔写景、抒情、议论于一炉，又借景说理、寓理于情，使得赋充满诗情画意，而兼具哲

理性。作者用清新的散文笔调作赋，中间有骈词、俪句，也用了韵，更多的是散句成分，这种赋称之为文赋。除采用赋体传统的主客问答形式外，这首赋的句式长短不拘，用韵错落有致，

语言晓畅明朗，其间有歌词，有对话，抒情、说理随性洒脱，恣意表现。这些都是对赋体写作的一种深层次的挖掘与发展。

归纳起来，苏轼的散文有如下几点特色：首先，苏轼的散文立意较为深远。他的散文中经常引入大量人们所熟知的史料，然后经由自己的分析，从而得出新鲜的结论，而不是就一篇文章而谈一篇文章。其次，苏轼的散文构思常虚实结合，进而使文章的主题得到深化，使作品也具有了更为普遍的意义。再次，苏轼

散文中情、景、理三者水乳交融。题材
丰富多样，常常是描写、抒情、议论三
种表现手法并用或交互使用，使作品迸
发出耀眼的光彩。这一点在苏轼的《记
承天寺夜游》和《后赤壁赋》中均有体
现。最后，苏轼散文在文体及语言上都
有所创新，如亭台楼阁记与山水游记，
本应属于记叙文的范畴，苏轼却在其中

夹杂了抒情和议论的成分，大大丰富了
文体。苏轼曾说过："大凡为文当使气象
峥嵘，五色绚烂，渐老渐熟，乃造平淡。"
（《竹坡诗话》）这也恰到好处地概括了
苏轼散文的艺术特征。

五、艺术成就

　　苏轼的一生除了在文学创作方面取得了巨大的成就外，他在书法、绘画等方面也都具有极高的造诣。

　　在绘画方面，苏轼以画墨竹见长，并在中国绘画史上产生了巨大的影响。苏轼画竹是受到表兄文与可的影响，文与可在当时可谓是画竹高手，苏轼曾写过一篇著名的散文《文与可画筼筜谷偃竹记》来怀念这位杰出的画家与难得的知已。苏

轼在北宋后期所倡导的诗、书、画相结合的"文人画"，对后代文人画的发展起到了极大的推动作用。诗、书、画的结合，在当时可谓是一项具有突破性的成就，被认为是中国绘画的一个特色。"味摩诘之诗，诗中有画。观摩诘之画，画中有诗。"这是苏轼对王维诗画的著名论断，从这点我们便不难看出，诗画相通一直是苏轼所追求的境界，这在苏轼的题画诗中也有所体现。

谈到苏轼的绘画成就，我们是不能将其与诗词分离开来的，苏轼在他的诗词中所透露出来的传统的绘画观念，主要是源于苏轼儒、释、道一体的世界观和他不平凡的坎坷遭遇。苏轼非常讲究"形似"。他在题画诗《书韩干牧马图》中，肯定了韩干所画的《牧马图》，用"平沙细草荒芊绵，惊鸿脱兔争后先"称赞韩干形象地表现了群马奔逐的自然形态，同时也指出韩干所画的马是宫中之厩马。"韩惟画肉不画骨"，即韩干忽略了对象的"形似"，苏轼指出了韩干画马在造型上偏离了奔马的基本形态。苏轼说："余尝论画，以为人禽、宫室、器用皆有常形。"要合自然的形，合乎自然的比例，匀称、和谐，即基本符合客观实际。苏轼在画物方面虽讲究形似，但他却

极为反对胶着于形似，不准放逸的形似，他所中意的"形似"是求事物实质上的形似，而不是外表的形似。

苏轼还提出了画中之理的观点。画理的获得应该是诗人与画家对自然生活的一种体悟，是在书斋里很难得到的。画中之"理"即指画中事物要合乎其规律，不能随意为之，这与画者自身的品格素养有着不可分割的联系。在《书晁补之所藏与可画竹》中，苏轼提到"与可画竹时，见竹不见人，岂独不见人，嗒然遗其身。其身与竹化，无穷出清新，庄周世无有，谁知此疑神"。苏轼认为绘画的最高境界，应是画家本人的性情、人格与所画之物完全融为一体，不分彼此。苏轼在此正是写出了文同画竹的物我两忘之精神，"见竹不见人""其身与竹化"，就是说画家将个人情感融于所画之竹中。画家若没有对物象的切身体验与感受，便很难进入忘我境界。苏轼自己有时画竹不画节，"作墨竹自下一笔而上"，他还在翰林院画过赤竹，画得旷达和随意。这也正是苏轼在绘画方面所极力追求的主观体验的表现。

在书法方面，苏轼少学《兰亭》，后取法李邕、徐浩、颜真卿、杨凝式，用笔丰腴跌宕，天真烂漫，能自创新意。与蔡襄、黄庭坚、米芾合称"宋四家"。

在书法方面，苏轼善于创新，他把书法从唐人的森严法度中解脱出来，进入新的艺术境界，即"尚意"。黄庭坚曾指出：我们欣赏苏轼的书法，应该从"学问文章之气，郁郁芊芊，发于笔墨之间"的以意取胜来深入理解。

苏轼认为要想习得过人的书法本领，首先要知晓书法的本末。这里所指出的本末的概念即是指各种书法体式之间的关系。苏轼认为正书是书法之本，而行书、草书为末。只有正书写好，才有可能在行书、草书方面取得进展。否则就是本末倒置，很难在书法上取得较好的成绩。其次，苏轼认为要掌握书法的规律，具体说来也就是书法中各种字体的布局、结构，要想找出这其中的规律是需要长时间的探索与领悟才能实现的。另外，苏轼认为书法贵在创新，他认为一个杰出的书法家的可贵之处在于，能够在掌握了法度和规律的基础上，找出新意，自成一家。这也是苏轼在评论书法时所遵循的重要标准。

　　苏轼十分注重书法的自然之美。他的书法体现出来的是一种平淡、自然之姿。黄庭坚将苏轼书法分为三个时期：早年姿媚，代表作为《治平帖》，笔触精到，字态妩媚。中年圆劲，代表作为《黄州寒食诗帖》，此诗帖是元丰五年（1082年）苏轼因为乌台诗案遭贬黄州时所写的两首诗。诗句沉郁苍凉又不失旷达，书法用笔、墨色也随着诗句语境的变化而变化，跌宕起伏，气势不凡而又一气呵成。所以元朝鲜于枢把它称为继王羲之《兰亭序》、颜真卿《祭侄稿》之后的"天下第三行书"。晚年沉著，代表作有行书《洞庭春色赋》《中山松醪赋》等，此二赋以古雅胜，姿态百出而结构紧密，集中反映了苏轼书法"结体短肥"的特点。其最晚的墨迹当是《与谢民师论文帖》（1100年）。苏轼的书法，以及在书法所体现出来的品格，后人对其的赞誉是十分高的。

　　总之，苏轼倡导的"文人画"的绘画美学思想，在我国的绘画史上开创了一个新的局面，促进了中国诗画的民族审美情趣的发展。同时，他在对待书法时的精神也被人们所接受并传颂，成为人们习作时的典范。

　　苏轼的一生，在坎坷与困难中不断追求、积极进取，他以独特的政治、文学和艺术生活状态塑造了崇高的道德典范，展示着灿烂的人格魅力，如苏轼般在文学艺术的各个领域都卓有建树的人，在中国文学史上绝无仅有，苏轼真可谓"千古第一文人"，他发出的夺目光辉使整个北宋文坛为之灿然。宋神宗皇帝精辟地说："白有轼之才，无轼之学。"宋孝宗皇帝称苏轼："雄视百代，自作一家，浑涵光芒。"清代学者王国维认为："中国古代最伟大的四位诗人是屈原、陶渊明、杜甫、苏轼。而其中还没有任何一个封建时代的文人的影响能超越苏轼之上。"我国老一辈革命家、军事家、诗人陈毅元帅则说："吾读长短句，最爱是苏辛。东坡胸次广，稼轩力万钧。"可见，苏轼作为艺术史上不朽的丰碑，不管是在过去、现在还是将来，都将给予我们以深刻的启示和广泛的影响。